Pascal Dubellé

J'étais médecin de brousse quand l'Histoire s'est réveillée en Nouvelle-Calédonie

Novembre 1984-novembre 2018, un Territoire en quête d'avenir

Éditions Abel Smyrne

L'assemblée générale

- affirme le droit inaliénable du peuple de la Nouvelle - Calédonie à l'autodétermination et à l'indépendance.

ONU : résolution 41/41 du 2 décembre 1986.

Novembre 1984 : un retour du refoulé

Lorsque je suis parti pour la Nouvelle-Calédonie en juillet 1983, j'étais serein et n'avais pas d'autre inquiétude que celle de me retrouver seul dans un dispensaire de brousse situé à plus de 300 kilomètres de la capitale, Nouméa, où se trouvait le seul hôpital de l'archipel. Jeune médecin, j'allais pouvoir mettre à l'épreuve les connaissances fraîchement acquises lors de mes études de médecine complétées d'une formation en médecine tropicale.

Sur le plan sanitaire, bien que de climat tropical, la Nouvelle-Calédonie n'était pas envahie des maux que connaissent d'autres régions exotiques comme l'Afrique ou l'Amérique du sud, par exemple ; le paludisme, notamment, première cause de mortalité au monde, n'y était pas présent. Toutefois, la situation n'était pas non plus celle de la métropole : la tuberculose y était endémique, de même que la syphilis et les parasitoses intestinales ; quelques cas de lèpre étaient signalés et l'amibiase n'était pas rare. Parfois, des épidémies de dengue se propageaient, sorte de fièvre jaune transmise par les moustiques, sans oublier la « gratte », transmise par une algue microscopique contenue dans la chair des poissons et qui sévit plus particulièrement lors de la saison chaude. Pour le reste, j'allais retrouver les pathologies que je connaissais sous nos latitudes tempérées, avec un peu plus de diabète cependant, lié en partie à une alimentation exagérément riche en sucres. Et puis il y avait les accouchements, une cinquantaine par an, qu'il me fallait assurer avec l'aide de mes « infirmiers », des auxiliaires non diplômés, formés sur place et sur le tas.

Mis à part cet aspect professionnel qu'il me fallait découvrir et assumer, j'étais parti tranquille. L'endroit était réputé agréable et la population accueillante. Lagon, sable fin et cocotiers ; une image de carte postale. Le paradis sur Terre. Seule ombre au tableau, l'éloignement, 17 000 km entre Nouméa et Paris, et l'isolement, deux habitants au Km2 en brousse. Ponérihouen, village où se situait le dispensaire, comptait quelques centaines d'habitants et était entouré d'une dizaine de tribus dispersées à trente kilomètres alentour.

Rien ne devait troubler ce séjour de trois années qui marquait le début de ma vie professionnelle. Le Pacifique sud était une zone tout à fait calme, à l'écart du monde grouillant des autres continents, Antarctique excepté. Seuls les essais nucléaires français à Mururoa perturbaient l'Australie et la Nouvelle-Zélande. Greenpeace également, ce qui provoquera le sabotage de leur navire amiral, le Rainbow Warrior, dans le port d'Auckland en juillet 1985. Affaire d'État qui conduira à la démission de Charles Hernu, ministre de la Défense et vieux compagnon de route de François Mitterrand. Même l'indépendance accordée en 1980 aux Nouvelles-Hébrides, condominium franco-britannique devenu Vanuatu, n'avait engendrée aucun heurt. Et l'idée faisait son chemin en Nouvelle-Calédonie.

En 1981, la gauche arrivée au pouvoir, prêta une oreille attentive aux revendications indépendantistes des Canaques et Georges Lemoine, Secrétaire d'État à l'Outre-mer, imagina un statut de large autonomie proche de ce qu'avait été la loi-cadre Defferre votée sous la IV° République alors même que Gaston Defferre, revenu aux affaires avec François Mitterrand devenu président, était précisément ministre de l'Intérieur et patron de Georges Lemoine. Les négociations avaient débuté et semblaient devoir se poursuivre tranquillement. Aussi, lorsque, en juillet 1983, j'ai rejoint mon poste à Ponérihouen, aucune tension n'était perceptible parmi la population mêlant quelques métropolitains, comme moi, quelques dizaines de Caldoches et des Canaques, largement majoritaires.

Mais les événements historiques sont comme des tremblements de terre : il arrive qu'ils aient des répliques imprévues. Le vaste mouvement de décolonisation entamé au lendemain de la Seconde Guerre mondiale est de ceux-là : quelques répliques se font entendre à intervalles réguliers en certains lieux maintenus dans le giron métropolitain comme aux Antilles françaises, en Polynésie mais cela ne semblait inquiéter personne. Nous étions plus de 20 ans après les accords d'Évian qui avaient mis fin au conflit en Algérie et devaient boucler la période de la décolonisation. Pour nous, Français de métropole, la page était tournée ; l'Histoire avait soldé les comptes en s'appuyant sur le principe du droit des peuples à disposer d'eux-mêmes inscrit dans la charte de l'ONU. Aussi, grande fut la surprise quand en novembre 1984, éclata une révolte d'un autre âge quelque part sur une île du Pacifique dont la grande majorité des Français ignoraient l'existence ; ils la découvrirent à cette occasion et apprirent dans le même temps que cet archipel, perdu à dix-sept mille kilomètres de chez eux, fait partie du territoire national. Ils connaissaient les Antilles bien sûr, la Guyane et Kourou, la Réunion avec son volcan et ses plages, la Polynésie pour ses paysages paradisiaques ; ils connaissaient un peu moins Mayotte, Saint-Martin, Saint-Barthélemy et Saint-Pierre-et-Miquelon, mais pratiquement pas les Nouvelles-Hébrides (condominium franco-britannique) devenues Vanuatu en 1980, ou Wallis et Futuna et donc, la Nouvelle-Calédonie.

En novembre 1984, cela faisait plus d'un an que j'étais en poste à Ponérihouen, petit village situé au beau milieu de la côte est de la Grande-Terre qui est l'île principale de l'archipel néo-calédonien. C'était la brousse comme on dit là-bas pour désigner tout ce qui n'est pas Nouméa, la « capitale ». À quelques encablures à l'est de cette Grande-Terre en forme de cigare, sont posées sur le corail les principales dépendances que sont les îles de Lifou, Maré et Ouvéa dont on entendra parler en 1988.

À l'époque, l'archipel comptait une population de presque 160 000 habitants pour une superficie équivalente à celle de deux départements français (18 500 km2). Et près de la moitié des Néo-calédoniens résidait dans la seule ville de

Nouméa (1). Autant dire que sorti de cette capitale territoriale, s'étend un désert humain dont la principale ville de brousse, Bourail, située à 150 km au nord sur la côte ouest, ne recensait en 1980 que 6 000 âmes. Quant à la côte est, encore moins peuplée, elle comptait à peine deux habitants au kilomètre carré, composée majoritairement de mélanésiens depuis qu'ils y avaient été « parqués » après les grandes révoltes de la fin du XIX° siècle.

À l'époque, la plupart des médecins de brousse, ainsi que ceux des hôpitaux publics, étaient des médecins militaires français détachés de l'Armée pour emploi auprès du Territoire (2). J'étais de ceux-là, médecin militaire de carrière et à moitié civil, étant sous la tutelle partagée de l'Armée et de l'administration territoriale.

Exerçant à Ponérihouen, j'étais loin de tout, Nouméa et son hôpital se trouvant à plus de 300 kilomètres, soit à plus de quatre heures de route qui était encore en partie de la piste. Jouissant d'une grande liberté, j'organisais mon travail comme je l'entendais n'ayant à rendre compte que de quelques données épidémiologiques hebdomadaires, déclarations obligatoires de maladies endémiques comme la syphilis et la tuberculose très fréquentes ici. Pas grand-chose en somme. Et cette comptabilité sera même suspendue par les « événements » et durant les quelques mois de chaos qui suivirent.

J'étais responsable d'une circonscription médicale qui s'étendait le long de la côte entre Houaïlou, au sud, et Poindimié, au nord, chef-lieu de cette partie de la Grande Terre. J'étais en charge de la santé de près de 2 500 habitants dont moins de 300 résidaient au village, les autres étant répartis dans treize tribus dont les plus éloignées se trouvaient à une trentaine de kilomètres, nichées dans la montagne, pas toujours accessibles. Aidé de trois auxiliaires de santé faisant fonction d'infirmiers, d'une secrétaire à mi-temps et, privilège énorme, d'un ambulancier qui partageait son activité avec les autres dispensaires de la côte, j'organisais peu à peu mon activité prenant modèle sur ce qu'avait fait mon prédécesseur :

consultations matinales, visites en tribu hebdomadaires, suivi des patients admis dans l'une des 11 chambres du dispensaire, suivi des femmes enceintes qui, pour la plupart, venaient accoucher au village - les autres, assez rares, allaient à Nouméa ou bien accouchaient en tribu, ce qui était déjà plus fréquent. Beaucoup de travail. Beaucoup de disponibilité.

Aussi, étant novice dans ce poste isolé, il me fallut quelques semaines pour prendre toute la mesure de ma tâche, répondre aux urgences et surtout, apprendre à assurer les accouchements - une cinquantaine par an - à la source de pas mal de soucis techniques et d'angoisse.

Et puis il y eut les « événements » comme on les appela, une terminologie qui n'était pas sans rappeler la « guerre sans nom» (3) qui s'était achevée une vingtaine d'années plus tôt en Algérie. L'Histoire allait-elle se répéter ici ? Aujourd'hui, comme hier, il était question d'indépendance pour les premiers occupants d'une terre colonisée, et les mêmes arguments politiques, pour et contre, étaient avancés. Mais l'histoire et la situation du Territoire étaient bien différentes de celles qui prévalaient dans l'Algérie française. Aussi, le parallèle que l'on fit, liant les « événements » d'ici à ceux de notre passé algérien, pour commode qu'il fût, n'avait qu'une pertinence limitée.

Découverte en 1774 par le capitaine James Cook, visitée par La Pérouse un an plus tard, la Nouvelle-Calédonie ne fut rattachée à la France qu'en 1853 sous le Second empire. Colonie de peuplement, comme l'Algérie, mais demeurée faiblement peuplée en raison de son éloignement, l'île acquit une nouvelle fonction en 1864 en devenant un lieu de détention pénitentiaire. Un bagne y fut installé recevant principalement des détenus politiques. 5 000 Communards dont Louise Michel y furent envoyés. Les insurgés kabyles de 1871 furent aussi du nombre. Mais à la fin du siècle, le bagne perdit peu à peu son rôle et on le ferma en 1897.

À la fermeture du bagne, la majorité des détenus libérés s'installèrent sur place, l'État leur attribuant parfois des terres.

Parmi ceux-ci, par exemple, les Algériens se fixèrent à Nessadiou, une commune proche de Bourail où se trouve, aujourd'hui encore, un cimetière musulman – le seul de l'île – dont l'entrée est surmontée d'un croissant et des couleurs de l'Algérie. Jean- Pierre Aïfa qui était maire de Bourail en 1983 et qui était aussi président de l'Assemblée territoriale, personnage politique de premier plan, descendait de l'un de ces Algériens kabyles exilés. Partout sur ce territoire qui fut longtemps une terre d'exil, affleurent ainsi les histoires des bannis de la Métropole et des marginaux du monde : tous déracinés. Et pour un Caldoche, avoir un ancêtre bagnard, quelle que fût la raison de sa peine, de droit commun ou politique, est une marque d'ancienneté mais aussi une distinction qui vaut le respect, comme une marque de noblesse. Plus tard, au XXème siècle, sont venus se joindre nombre d'aventuriers en quête de fortune, attirés notamment par l'exploitation du nickel.

Étonnant pays que celui-ci, bout de France totalement isolé et cerné de terres anglaises, si loin de la Métropole, la Mère-patrie pour certains, qui déposa là ses restes. Une histoire du négatif, du déchet qui produisit de curieux retournements, sorte de retours du refoulé dirait un psychanalyste. On vit ainsi les descendants des Communards être montrés du doigt par les gauchistes de Paris qui les traitaient de riches propriétaires colons, d'infâmes exploiteurs et oppresseurs du peuple canaque, ces mêmes gauchistes qui, pourtant, vénèrent Louise Michel et ses compagnons. Les héritiers politiques des Communards instruisaient en Métropole un procès à leurs arrière-petits-enfants devenus Caldoches : paradoxe et pied de nez de l'Histoire !

Lorsque je suis arrivé sur le Territoire, en 1983, la question de l'indépendance couvait déjà, actualisée par le gouvernement socialiste issu des élections de 1981. Mais en réalité ce thème était récurrent, planant ici, comme ailleurs dans nos colonies, depuis la fin du second conflit mondial. Toutefois, après la guerre, le Territoire eut droit à un traitement particulièrement favorable, car ses habitants avaient répondu à l'appel du général de Gaulle pour créer, dès 1940, un bataillon qui se mit aux ordres de Londres. Regroupant Caldoches et Canaques, ce bataillon du Pacifique, qui englobait également les Polynésiens, participa activement aux combats en Afrique du nord contre l'Afrikakorps de Rommel et à ceux qui libérèrent la France en 1944 en débarquant en Provence. Reconnaissant, le gouvernement issu de la Résistance décida d'abolir le statut de l'indigénat pour les territoires du Pacifique si bien que les Canaques devinrent, en 1946, des Néo-calédoniens comme les autres, jouissant des mêmes droits que n'importe quel citoyen français, un privilège que ne connurent ni les Arabes dans les départements français d'Algérie, ni les Asiatiques de la lointaine Indochine, ni les Africains de nos possessions coloniales. Dans cet esprit, les autorités françaises inclinèrent à accorder à cette terre lointaine une plus grande liberté de gestion et, en 1956, sous la quatrième République, une loi-cadre portée par Gaston Defferre mit en place une Assemblée territoriale et un Conseil de gouvernement qui rassemblait toutes les ethnies. Cette loi-cadre permit la participation de l'ensemble des Néo-calédoniens, de quelque appartenance qu'ils fussent, à la gestion des affaires locales en jouissant d'une large autonomie.

Mais l'indépendance accordée à l'Algérie en 1962 obligea le gouvernement français à déplacer son centre d'essais nucléaires qui dut quitter le désert saharien pour s'installer sur l'atoll de Mururoa, conférant alors à la zone pacifique une importance stratégique. Par ailleurs, en cette période de développement industriel sans pareil, les cours du nickel s'envolèrent. Or, le sol de la Nouvelle-Calédonie regorge de ce métal précieux. Tout cela généra un regain d'intérêt pour le Territoire, militaire et économique, qui conduisit la Métropole à vouloir recouvrer sa souveraineté. Elle restreignit alors les dispositions de la loi Defferre en 1963 avant de les supprimer en 1969, reprenant ce qu'elle avait accordée.

Je me souviens des discussions que j'avais eues alors avec un de ceux qui avaient été ministres de ce gouvernement calédonien dans les années 60 et qui me parlait de ce temps béni où la majorité des habitants de l'île se reconnaissait dans le parti de l'Union Calédonienne dont le mot d'ordre était : « *Deux couleurs, un seul peuple* ». Cet homme s'appelait Wakolo Pouyé. C'était un vieux sage à la longue barbe jaunie et qui était aussi dépouillé que pouvait l'être un philosophe grec antique. Il avait choisi de rester fidèle à son parti, ayant gardé l'espoir de revoir un jour cette alliance pluriethnique qui avait œuvré au service du développement de son pays. Dans les années 70, il n'avait pas voulu suivre la voie de beaucoup de ses amis canaques qui avaient radicalisé leur position, les uns, les plus nombreux, revendiquant l'indépendance et la redistribution des terres, comme Jean-Marie Tjibaou, les autres, comme Dick Ukeiwé, qui devint Sénateur, se repliant sur leur attachement à la France, affichant leur loyalisme derrière Jacques Lafleur et son parti, le RPCR proche du RPR de Jacques Chirac.

L'élection de François Mitterrand, en 1981, allait encore radicaliser les positions, les Canaques (qui revendiquaient l'orthographe kanak, plus conforme) pensant, de leur côté, pouvoir obtenir l'indépendance du gouvernement socialiste et, de l'autre, le RPCR qui mettait tous les obstacles possibles à la réalisation d'un tel projet.

En métropole, si l'indépendance était dans la tête de bien des socialistes qui favorisèrent la création par Jean-Marie Tjibaou du Front de Libération Nationale Kanak et Socialiste (FLNKS), il ne semblait pas en aller tout à fait de même ni pour François Mitterrand, ni pour son secrétaire d'État à l'Outre-mer qui préféraient une solution moins radicale ouvrant la voie à une large autonomie. Un statut fut élaboré proposant la tenue dans les cinq ans d'un référendum d'autodétermination. Les indépendantistes canaques comprirent qu'il n'était plus question d'indépendance et ils décidèrent de boycotter les élections territoriales prévues en novembre 1984.

Autre problème : celui de la composition du corps électoral (4) en cas de référendum local, car c'est bien ici, et non en métropole, que serait organisé le vote. En effet, en ce début des années 80, les Canaques étaient minoritaires dans le pays notamment parce que, à la faveur de l'engouement suscité par l'exploitation du nickel, incités par le gouvernement de Pierre Messmer, en 1972, nombre de métropolitains étaient venus s'installer sur le Territoire. L'affaire était donc mal engagée pour les indépendantistes qui pouvaient craindre, avec raison, d'être les dindons de la farce. C'est ce qui mena les plus extrémistes d'entre eux, regroupés derrière Éloi Machoro, à opter pour la lutte armée.

Les élections de novembre 1984 faisaient partie du processus engagé par le statut Lemoine (du nom du secrétaire d'État) prévoyant la mise en place d'instances gouvernementales locales, sorte de loi-cadre Defferre élargie. Mais le FLNKS - notons ici le rapprochement volontaire du sigle avec celui, algérien, du FLN - refusa tout net de participer à ce processus électoral et annonça un boycott actif. Un boycott « actif » ? Boycott, on connaît mais boycott « actif » ! Je restai dans l'expectative ne sachant pas ce que ce terme « actif » pouvait recouvrir bien que j'en eusse un aperçu lorsque, un mois avant les élections, en octobre, les Canaques, par des barrages montés en quelques heures sur les routes de brousse, empêchèrent le déroulement du tour cycliste de l'île, une institution ici, presque aussi sacrée que le Tour de France.

Puis arriva le 17 novembre, veille du scrutin. Là, je sus enfin ce que pouvait signifier le mot actif. Dans la soirée, le maire de Ponérihouen et quelques-uns de ses adjoints furent surpris par les gendarmes alors qu'ils tentaient de subtiliser nuitamment le matériel électoral. Le lendemain, Éloi Machoro dans sa commune de Canala fut plus radical en détruisant les urnes à grands coups de hache. Une image qui fera le tour du monde. Actif en effet. Actifs aussi les centaines de barrages dressés en une nuit sur toutes les routes de brousse. Seule Nouméa, la « presque blanche », était épargnée par ces manifestations. Le 18 novembre 1984, l'Histoire est venue à ma rencontre. Rencontre improbable en ces temps de tranquillité et en ce lieu qui a tout du paradis terrestre posé au milieu du Pacifique, à l'écart de l'agitation du monde. Pourtant, c'est bien ici que l'Histoire se réveilla ce matin-là, venant me sortir du lit au lever du jour, frappant à ma porte pour me montrer la blessure d'une femme âgée d'une quarantaine d'années, une Canaque dont l'avant-bras venait d'être arraché alors qu'elle ramassait une grenade jetée sur le parvis de l'hôtel de ville par les gendarmes mobiles.

J'accompagnai la pauvre femme au dispensaire quelques dizaines de mètres plus bas, m'enfonçant dans une brume épaisse, mélange de crachin et de fumigènes. Je distinguai à peine ce qui se passait devant la mairie pourtant située à 150 mètres de moi, voyant seulement émerger du nuage quelques Canaques qui fuyaient les gaz et dont certains, blessés, venaient à ma rencontre. Tous ces gens assemblés devant l'hôtel de ville, venus à quelques centaines, réclamaient la libération du maire et de ses adjoints et voulaient, conformément aux consignes du FLNKS, empêcher les loyalistes, Caldoches et Canaques - quelques tribus restant attachées à la France - d'accéder au bureau de vote. Malgré l'action des forces de l'ordre, malgré les blessés, ils ne bougèrent pas. Le boycott fonctionna.

Arrivant au dispensaire, je manquai de glisser sur le sang qui recouvrait le sol du couloir et de la salle de soins. Une quinzaine de blessés étaient là, debout, calmes et silencieux, les mollets ensanglantés, transpercés par les gravillons qui couvraient l'esplanade de la mairie et qui, sous l'effet de souffle des grenades défensives, s'étaient transformés en projectiles. Nous passâmes des heures à les extraire et à nettoyer les galeries creusées dans les chairs. Quant à notre pauvre amputée, impossible de l'évacuer par les airs, aucun hélicoptère ne pouvant voler, vu le temps qu'il faisait, pluie incessante et visibilité nulle, une météo pourrie qui ne devait pas s'arranger avant quelques jours. Heureusement, la chaleur de l'explosif avait cautérisé la plaie qui ne perdait que peu de sang et nous décidâmes avec l'ambulancier de tenter une évacuation vers Nouméa par la route. L'opération prit sept ou huit heures pour acheminer notre blessée jusqu'à l'hôpital, une négociation s'engageant à chaque barrage. Et ils étaient nombreux sur le parcours. Je ne vis revenir notre ambulancier que le lendemain matin, les mêmes négociations retardant son retour, des négociations rendues plus délicates encore du fait de l'absence de blessé, et donc d'argument humanitaire, du fait aussi que notre homme était un Caldoche. Situation périlleuse qui coûta la vie à un de ses collègues travaillant sur la côte ouest, tué quelques semaines plus tard entre deux barrages en assurant le passage d'une ambulance.

Prévoyant les difficultés annoncées par le FLNKS, le gouvernement avait envoyé en brousse quelques éléments de gendarmerie mobile pour assurer le bon déroulement des élections. Mais manifestement, le dispositif s'était montré très insuffisant, si bien que dès la journée du 18 novembre, la situation échappa à tout contrôle. Sur la côte est, pratiquement aucun bureau de vote n'était accessible et de multiples barrages routiers interdisaient toute circulation sur l'ensemble du territoire, la ville de Nouméa exceptée. Les blindés détruisaient-ils un de ces barrages ? il se reformait dans la minute. Dépassées, les forces de l'ordre durent battre en retraite. Autre élément, nous l'avons appris plus tard, la gendarmerie de Thio avait été prise d'assaut par Éloi Machoro et ses hommes et de graves exactions avaient été commises sur les gendarmes territoriaux et sur leurs familles. Tout cela conduisit les autorités à prendre la décision d'un repli. Et le 21 novembre, trois jours seulement après les élections, toutes les unités de gendarmerie mobile ainsi que les familles des gendarmes locaux furent regroupées dans les sous-préfectures – à Poindimié pour celles qui étaient déployées sur la côte est. Restaient les gendarmes territoriaux armés de leur seule arme de poing, un pistolet automatique, mais avec ordre de ne pas tirer sur leurs assaillants si ceux-ci décidaient d'investir les lieux. Consigne leur était donnée de détruire les documents sensibles et d'attendre. L'arme était donc réservée à un usage personnel si la situation l'exigeait. Autant dire, bien que cela ne fût pas exprimé explicitement, pour un suicide.

À partir de cette date, le village fut abandonné de tous. Nous étions isolés, encerclés par des barrages. Plusieurs centaines de Mélanésiens restaient groupées au village, en contrebas de chez moi, menaçant d'envahir la gendarmerie où étaient censés être détenus le maire et ses acolytes. En fait, ces derniers avaient été évacués vers Poindimié en même temps que les familles.

L'occupation se prolongea bien que, après le saccage du seul magasin resté ouvert et après que ses propriétaires furent chassés, j'étais devenu pratiquement son seul occupant de Ponérihouen, les autres ayant fui dans leurs familles à Nouméa ou en brousse. Quant aux enseignants, métropolitains comme moi, des zozos comme on dit là-bas, ils étaient encore en vacances, les grandes, celles d'hiver qui, dans cet hémisphère, sont l'équivalent des vacances d'été en France.

Étonnamment, les occupants canaques ne se décidèrent jamais à monter à l'assaut de la gendarmerie. Car il s'agissait bien de monter avant de porter un assaut décisif. Et pour parvenir à ce résultat, il fallait que tout le groupe se constituât en commando, qu'il empruntât le seul accès escarpé et entouré de forêts vierges qui débouche sur un plateau situé 200 mètres plus haut, sorte de nid d'aigle sur lequel vivaient réfugiés les gendarmes. Or, imaginant un piège, nos assaillants putatifs étaient persuadés que des mobiles en gardaient toujours l'accès, tous n'étant pas partis comme ils auraient voulu le leur faire croire en exposant leur départ.

Tant mieux car, là-haut, les pauvres gendarmes, totalement démunis, abandonnés par leur hiérarchie et livrés en pâture, n'en menaient pas large. Obéissants, ils n'auraient offert aucune résistance. À moins que, face à une situation jugée désespérée, et désespérant de la France, ils ne se fussent ravisés au dernier moment, enfreignant les ordres pour vendre chèrement leur peau. Mais ils n'en étaient pas encore à ce stade. Je passai les voir midi et soir les informant de ce qui se passait en bas où rien ne bougeait. J'étais leur seul visiteur. L'ambiance était lourde. Persuadé que la loi du talion serait appliquée, le chef de brigade avait décidé de s'offrir en sacrifice : c'est à lui qu'on couperait le bras. Il pensait pouvoir calmer ainsi la colère des Canaques et, peut-être, épargner sa vie et celle de ses subordonnés. Leurs journées restaient plutôt inoccupées et la radio ne donnait plus de nouvelles de Nouméa. Le chef de brigade avait regroupé les documents et avait commencé à opérer un tri : d'un côté « à garder », de l'autre « à détruire ».

Et cela dura huit jours, le temps nécessaire à l'acheminement de renforts venus de la lointaine métropole. Il fallut attendre le 26 novembre pour voir arriver à Nouméa les premiers éléments.

Dans l'intervalle, François Mitterrand, président de la République, avait été interviewé à la télévision. À une question d'un journaliste qui lui demandait ce qu'il comptait faire en pareille situation insurrectionnelle, le président avait répondu, je m'en souviens encore : « Je ne ferai pas intervenir la force injuste de la loi». Ainsi était reconnu implicitement par le chef de l'État une forme de légitimité à la violence exercée par les indépendantistes canaques. S'adressant à eux, c'était en quelque sorte un : « *Je vous ai compris* » à la façon d'un de Gaulle s'adressant aux Français d'Algérie du balcon du gouvernement général à Alger. À titre personnel, c'était aussi, sans doute, une manière de rachat moral après avoir été responsable du maintien de l'ordre en Algérie comme ministre de l'Intérieur sous la quatrième République avant de devenir le Garde des Sceaux qui permit à la justice militaire de se substituer aux tribunaux pour juger les criminels et les délinquants des deux départements de l'Algérie française. François Mitterrand avait ouvert ainsi la voie aux procédures les plus expéditives et à la torture. Enfin, dernier point, et non des moindres, était très habilement masquée l'impuissance à laquelle était réduit l'État français dont les structures locales, administratives et militaires, s'étaient effondrées tels des châteaux de cartes. Il savait bien que, compte-tenu des distances, le déploiement de la force nécessaire au rétablissement de l'ordre ne pouvait se faire avant une semaine. D'ici là, il valait mieux temporiser.

Bien joué l'artiste me disais-je ! Et l'on s'aperçoit qu'ici, en quelques mots : « *Je ne ferai pas intervenir la force injuste de la loi* », se trouve un concentré du personnage complexe et de l'homme politique qu'était François Mitterrand.

De l'endroit où je me situais, j'approuvais l'attitude ne jugeant pas opportun un affrontement qui aurait fait d'inutiles victimes et qui aurait engendré une escalade de la violence que personne, ensuite, n'aurait plus maîtrisée comme cela arrive très souvent. Et puis, depuis plus d'un an que je vivais avec eux, beaucoup de ces Canaques révoltés étaient devenus des amis. Deux de mes infirmiers, membres du FLNKS, étaient du nombre. Et je ne tenais pas à les voir mourir sous les balles des militaires.

Durant une bonne semaine, je vécus une situation d'exception étant seul, planté là au beau milieu de belligérants qui ne tenaient pas spécialement à en découdre. Je vaquais librement d'un camp à l'autre. Je continuais à aller au dispensaire, soignant les quelques malades qui pouvaient encore accéder au village, principalement des Canaques car peu de Caldoches – il y en eut cependant – osaient braver les barrages. Je poursuivais mes visites quotidiennes aux reclus du nid d'aigle tentant de soutenir leur moral.

Dans ma circonscription, tout le monde me connaissait et je ne ressentais aucune animosité autour de moi. Hors de celle-ci, c'était différent, et mieux valait ne pas s'y aventurer. Aucun danger ne me menaçait dans les strictes limites de ma renommée, ou presque. Étaient à redouter les incursions de commandos itinérants, caldoches ou canaques. J'en eus. Les uns, Caldoches avaient chevauché depuis la côte ouest pour me proposer leur aide ; les autres, lieutenants de Machoro, venaient dynamiser les troupes indépendantistes du secteur. Je me protégeai des uns et des autres.

Curieuse situation dont je commençais à tirer le bilan. En un éclair, à l'occasion d'une simple élection territoriale, une mini tempête tropicale avait suffi à emporter sur son passage tout ce qui marquait la présence de l'État colonial. En quelques heures ou quelques jours, s'en alla le Haut-commissaire qui représente le gouvernement français, relevé de ses fonctions. Prirent la poudre d'escampette les sous-préfets dès que la météo autorisa le vol des hélicoptères. S'inscrivit aux abonnés absents le colonel commandant les forces de gendarmerie avant d'être relevé de ses fonctions, lui aussi. Devinrent injoignables les responsables de la santé territoriale, restant seul présent son représentant pour l'Armée, un médecin colonel qui avait vécu l'évacuation de Saigon en 1974 et qui s'enquit de notre sort, se préparant à nous faire évacuer si nécessaire (ce le fut pour certains de mes collègues des villages voisins).

Les « événements » et les barrages avaient réussi à paralyser toutes les administrations et toutes les activités : les transports, la poste, le ravitaillement. Plus rien ne passait, plus rien ne pouvait être acheminé hors de la « capitale ». C'était un moment hors du temps et hors du monde. C'était le chaos. Et il en avait fallu assez peu pour en arriver là : quelques centaines d'hommes déterminés, pratiquement pas un coup de feu tiré.

L'Histoire, quand elle se réveille, n'a pas besoin de produire un grand souffle pour tout renverser.

Soudain, le 28 novembre, passa bruyamment sous mes fenêtres tout un escadron de gendarmes mobiles fraîchement débarqué et qui, s'engageant sur la rampe menant sur le plateau, rejoignit aussitôt les infortunés gendarmes territoriaux restés reclus. Illico presto, expédiées les formules d'usage, l'escadron installa son campement en commençant par construire la buvette. Changement d'atmosphère. Un jeune lieutenant exubérant et sa joyeuse troupe envahirent les lieux, postèrent deux mitrailleuses en batterie pour sécuriser l'entrée des lieux et déployèrent des plantons, fusil-mitrailleur au bras, avec mission de garder l'accès. Tout ce petit monde faisait preuve d'un zèle surprenant et plutôt décalé, surtout lorsque la troupe eut le « bon goût » de décorer la proue d'un de leurs vieux camions GMC d'une paire de cornes de taureaux, nous jouant une sorte de version édulcorée du film *Mad Max*. Bref, après le vide, le trop-plein. Puis les familles revinrent.

Après François Mitterrand et sa force injuste de la loi, huit jours plus tard, apparaissait devant les caméras le plus jeune Premier ministre que la France se donna : Laurent Fabius. Il venait nous dire que désormais la priorité était au rétablissement de l'ordre républicain, préalable à toute discussion. Changement de ton. Serait-ce un changement de politique également ? Sans doute. À moins que l'ordre républicain ne se passe de la loi, cette force injuste ? Comment serait-ce possible ? Allez comprendre ! Mais il est vrai, que notre jeune Premier ministre savait se distinguer ; « *Lui c'est lui, moi c'est moi* », avait-il affirmé à un journaliste en prenant ses nouvelles fonctions. Sans doute voulait-il signifier que face au vieux renard politique qu'était son patron, lui, le tout jeune et fringuant Premier ministre de 38 ans, aurait l'étoffe suffisante et saurait ne pas être un caniche. Il est vrai que l'homme était précoce et avait su montrer de belles dispositions en matière de manipulation politico-médiatique. Certes, l'élève ne valait pas encore le maître, mais se pointer en Deux-chevaux pour prendre ses fonctions de Secrétaire d'État au Budget quand on est né avec une cuillère d'argent dans la bouche, c'était déjà bien ; et puis il y avait eu la belle image, attendrissante, quand le jour même de sa nomination à Matignon, il se laissa « surprendre » au petit matin, en charentaises, en bas de chez lui, allant acheter, le plus naturellement du monde, des croissants à sa douce. Là, fallait oser !

Donc, après la temporisation présidentielle, ce serait le bâton gouvernemental. Mais bien sûr, fort heureusement, tout ceci n'était que communication, des mots pour plaire, des mots pour faire joli, des mots pour faire parler la presse, des mots pour endormir l'opinion ou pour la rassurer ce qui revient au même. Je n'étais pas encore habitué à prendre les paroles de nos responsables politiques pour ce qu'elles étaient désormais : du vent ou du sable, c'est selon, ce sable que jetait sur nos têtes de chérubins notre bon gros nounours qui apparaissait tous les soirs sur nos écrans en noir et blanc pour nous inviter à passer une bonne nuit. Je suis de cette génération bercée de ces « *bonne nuit les petits* » ; le terrain était donc préparé pour les hommes et femmes politiques de l'ère nouvelle. En 1983, nous n'étions qu'aux balbutiements de la communication politique ; les progrès allaient être rapides.

L'expérience m'avait appris qu'existe souvent un fossé entre le discours et les actes. Tant mieux, sinon l'arrivée à Ponérihouen du lieutenant et de sa troupe de cow-boys m'aurait passablement inquiété. Sitôt arrivés, nos renforts se sont mis à sillonner le village rendu désert après que les Canaques eurent rejoint leurs tribus ; parades décalées à bord de jeeps et de GMC de carnaval. Cherchant à impressionner, ils exhibaient leur VBRG (véhicule blindé à roues de la gendarmerie) surmonté d'une mitrailleuse lourde de type AA-52, calibre 7.62. Leur mission : montrer que la France reprenait la main, que l'ordre revenait.

Certes le village était « repris » mais les alentours et les routes étaient encore loin d'être libérés et sécurisés. La journée, des véhicules blindés équipés de pelle dégageaient les barrages de fortune autorisant le passage de rares véhicules. Mais ces barrages faits de cocotiers rapidement abattus en travers de la chaussée avaient une très fâcheuse tendance à réapparaître à la nuit tombée. Et ce petit jeu du chat et de la souris dura plusieurs mois, un petit jeu qui pouvait cependant coûter la vie à ceux qui s'aventuraient sur ces routes bordées par des tribus d'où pouvaient partir, venus de nulle part, divers projectiles quand n'étaient pas tendues, purement et simplement, à certains passages, de véritables embuscades. Une pauvre enseignante métropolitaine de Poindimié voulant se rendre à Nouméa tomba dans ce genre de piège ; elle perdit la vie, écrasée sous des blocs de pierre. Des mois durant, je restai cloîtré : c'était plus prudent.

Les Canaques avaient opté pour une guerre d'usure. Ils cultivaient l'insécurité tout en évitant l'affrontement direct si bien qu'il n'y eut aucune confrontation armée avec les gendarmes mobiles ni même avec les parachutistes qui avaient pris leur quartier du côté de Goa, la tribu de l'ancien maire et fief supposé des éléments indépendantistes les plus virulents.

La tension régnait en brousse mais, malgré quelques effets de voix et les tartarinades de certains, il n'y eu que peu de coups de feu et peu de victimes. Ainsi, au cours de la période qui s'étend de l'élection boycottée à l'arrivée des renforts une dizaine de jours plus tard, on ne déplora aucun mort sur le territoire alors même que l'État français ne remplissait plus son rôle et n'assurait plus la sécurité des broussards. On peut s'en étonner vu la situation insurrectionnelle que nous connaissions, étant au bord d'une guerre civile. Il y eut des exactions, certes, mais pas de sang versé, à l'exception de la région de Canala et du village de Thio investis par Éloi Machoro où, après que les Caldoches ont été désarmés, régna un état de terreur.

Le premier meurtre attendit, si l'on peut dire, le 30 novembre ; ce fut celui de ce Caldoche qui voulut assurer le passage d'une ambulance entre deux barrages. Au cours des dix jours où la population fut livrée à elle-même, du 18 au 28 novembre, ce fut un peu comme si chacun des camps s'était observé, s'était mutuellement jaugé, avait contenu sa peur et s'était retenu d'agir ; indépendantistes, loyalistes et représentants de l'État français, Canaques, Caldoches et « zozos », tous avaient semblé vouloir éviter le pire. Seuls Éloi Machoro et sa bande avaient tenté d'enflammer le pays (5) : ils ont échoué.

Et sur les quelques mois que durèrent ces événements, de novembre 1984 à septembre 1985, on dénombra une soixantaine de morts toutes ethnies et toutes tendances confondues. En valeur absolue, cela n'apparaît pas très important, même si chaque mort est déplorable. Mais si l'on rapporte ce chiffre à la population concernée, celle de la brousse où ont eu lieu ces drames, soit 70 000 habitants, cela donne alors un mort pour près de mille habitants, ce qui n'est pas rien.

Certes, le monde nous donne chaque jour des exemples de conflits autrement plus sanglants mais ici, dans ce désert humain qu'est la brousse néo-calédonienne, la mort d'un adulte est toujours une tragédie. Dès lors, soixante morts, c'est considérable. Si l'on sait que dans ce pays tout le monde se connaît, que de très nombreuses familles canaques et caldoches ont des sangs mêlés (ce qui n'était pas le cas en Algérie, colons chrétiens et arabes musulmans étant restés séparés notamment pour des raisons religieuses), alors ce sont plusieurs centaines d'hommes et de femmes qui sont touchées dans leur chair et plus encore, des milliers sans doute, qui se sentent concernés et affectés.

Le retentissement psychologique des pertes liées aux « événements » de 84 fut majeur et se prolongea jusqu'à l'affaire de la prise d'otages d'Ouvéa en 1988 pour s'achever avec le double assassinat de Jean-Marie Tjibaou et de Yeiwéné Yeiwéné en mai de l'année suivante. C'est ça aussi l'Histoire.

1- *Depuis, la population de l'archipel a doublé, mais la répartition entre Nouméa et la brousse reste la même. La côte est reste aussi très majoritairement canaque.*

2- *Ce n'est plus le cas, tous les médecins du Territoire étant désormais des civils, libéraux ou sous contrat territorial.*

3- *Référence à B. Tavernier. On ne parla officiellement de guerre d'Algérie qu'après Évian, sans doute pour pouvoir accorder le statut d'anciens combattants à ceux qui l'avaient faite et celui de blessés et d'invalides de guerre à tous ceux qui avaient été touchés dans leur chair et dans leur âme.*

4- *Un sujet épineux et toujours actuel. Cette question relative à la composition du corps électoral se pose aujourd'hui encore à la veille du prochain référendum d'autodétermination tel que prévu par les accords de Matignon de 1988 et qui doit avoir lieu à partir de 2014. Les accords prévoient que seuls les Calédoniens résidant depuis plus de vingt ans sur le territoire seront autorisés à voter ce qui pourrait ne pas faire l'affaire des indépendantistes canaques. Les mêmes causes pourraient bien produire les mêmes effets. Et l'Histoire bégaierait.*

5- *Éloi Machoro trouva la mort avec son principal lieutenant le 12 janvier 1985 lorsque des gendarmes du GIGN tentèrent de les interpeller. Certains, en métropole, soutiendront l'hypothèse que les deux hommes ont été « neutralisés » au sens militaire du terme, c'est-à-dire abattus, ce qui serait alors un assassinat politique. Incontrôlables, ils semaient la terreur partout où ils se trouvaient ; adeptes de la violence, ils étaient un obstacle à toute solution pacifique, gênant aussi bien le gouvernement français que les forces « modérées » groupées autour de Jean-Marie Tjibaou ; leur mort put être reprochée à ce dernier qui sera assassiné en mai 1989, quelques mois seulement après les accords de Matignon.*

Quand l'ombre du passé algérien recouvre les consciences

Le 31 décembre 1984, j'ai passé le réveillon de la Saint-Sylvestre sur le « nid d'aigle » avec les gendarmes, non pas que j'appréciais particulièrement la compagnie de notre fantasque lieutenant et de sa clique, mais parce qu'un jeune gendarme territorial et sa femme étaient des amis avec lesquels j'avais passé Noël l'année précédente qui avait marqué notre arrivée à Ponérihouen et où, autour d'un barbecue géant, nous avions rassemblé une trentaine de personnes, amis du village auxquels s'étaient joints quelques amis voisins venus de Poindimié.

Ce réveillon-ci fut beaucoup plus confidentiel et moins joyeux, le cœur n'étant pas à la fête. Nous nous retrouvions réunis là après plusieurs semaines d'épreuve et alors que l'avenir était pour le moins incertain. Un calme très relatif régnait. Précaire aussi. On sentait que la moindre étincelle était capable de remettre le feu aux poudres. Les femmes et les enfants de nos gendarmes locaux étaient revenus au début du mois de décembre après un exil angoissant de près de quinze jours ; ils avaient retrouvé un village sinistré, quasi mort. Le bilan était attristant. Plus aucun magasin n'était ouvert : la petite épicerie avait été brûlée, la supérette était fermée, les gérants étant partis se réfugier à Nouméa en attendant des jours meilleurs. Idem pour la boucherie tenue par un Caldoche qui s'était retiré dans sa petite propriété située au cœur de la brousse. Les écoles étaient vides pour cause de grandes vacances mais nul, à cette heure, ne pouvait dire si elles se rempliraient à la rentrée prochaine. La mairie n'avait plus de maire et plusieurs de ses adjoints étaient emprisonnés suite à la tentative de vol du matériel électoral. Quant aux agents municipaux, canaques pour la plupart, ils étaient sur les barrages ou restaient chez eux. Sans service postal, il fallait attendre que l'armée mît en place des convois sous escorte pour assurer l'acheminement du courrier.

Pour nous ravitailler en produits de première nécessité, la gendarmerie avait organisé un système de navette par hélicoptère faisant la liaison entre Nouméa et les unités dispersées sur le Territoire. Quant au dispensaire, son activité était plus que réduite, les gens ne pouvant s'y rendre, bloqués par les barrages pour ce qui concerne les Caldoches et autres Canaques loyalistes, consignés ou réfugiés en tribu. Seuls, les rares habitants du village et ceux des tribus proches pouvaient venir consulter. Quant aux accouchements, la plupart avaient lieu en tribu. Pour moi, désormais, malgré la bienveillance qui m'entourait, il n'était plus question d'aller visiter les tribus, ne pouvant accéder à celles qui étaient « loyalistes » et ma présence étant jugée inopportune dans les autres.

Combien de temps durerait cette situation ? Nous ne le savions pas mais nous n'étions pas très optimistes pour l'avenir proche. Aussi nous guettions les nouvelles et attendions avec impatience la traditionnelle allocution du président présentant ses vœux pour l'année à venir laquelle, compte tenu du décalage horaire, ne nous parvint que le lendemain.

Retransmise sur RFO (Radio-France Outre-mer), la seule station alors disponible sur le Territoire, je l'écoutai attentivement et ce fut une déception jointe à une grande frustration. Dans son bref message aux Français, le président n'évoqua qu'à peine le sujet de la Nouvelle-Calédonie : dialogue, tolérance étant les seuls mots s'y rapportant, et encore, il fallait deviner. Pas grand-chose. Et moi qui imaginais que le règlement de la crise intervenue ici occupait nécessairement la pensée du chef de l'État, que c'était sa principale préoccupation, que son sommeil, comme le mien, en était affecté ! Nenni. Je me trompais comme se trompaient les Caldoches qui pensaient que les Français allaient se mobiliser pour les soutenir, qu'ils descendraient dans la rue par centaines de milliers. Or, rien de la sorte ne s'était produit. Alors qu'ils étaient désemparés par l'absence de réaction en métropole, je me souviens leur avoir dit : « *Pourquoi voulez-vous que les Français s'intéressent à vous quand, quelques jours plus tôt, ils ignoraient encore votre existence. Et puis, il y a la distance, vous êtes très loin d'eux, aux antipodes, donc très loin de leurs préoccupations* ». Je me gardais d'ajouter pour les épargner, car grand était leur désarroi, que là-bas, ils étaient dans le mauvais camp, celui des méchants.

Les « gentils », c'étaient les Canaques, ceux-là mêmes qui, jadis, étaient les « mauvais sauvages », les « bons sauvages » à la manière de Jean-Jacques Rousseau étant les Polynésiens réputés doux, pacifiques, accueillants, bref, un modèle d'homme tel qu'épargné par la société, c'est-à-dire non gauchi par l'Histoire. Évoluant lui aussi hors de l'Histoire, vivant seul et tranquille sur quelques îles éparpillées dans l'immense Pacifique, le Canaque avait toutes les qualités requises pour faire un « bon sauvage » mais, malheureusement pour lui, il était noir de peau (d'où son nom de Mélanésien), mais surtout, il avait le mauvais goût d'être anthropophage, transgressant un interdit majeur ; il était donc inhumain et passait pour être proche de l'animal. Et c'est d'ailleurs ainsi qu'il fut présenté, encagé, à l'exposition coloniale de 1931. En 1984, une cinquantaine d'années plus tard, renversement de situation, le Canaque est soudain jugé bon, car entre-temps, il est devenu la victime par excellence : victime de nos préjugés raciaux et victime de la colonisation dont notre époque dresse un procès sans appel. Étant à la source de notre culpabilité d'homme fraîchement civilisé, ce peuple initialement méjugé avant d'être maltraité ne pouvait qu'éveiller notre récente compassion pour lui et attiser notre désir de réparation.

Et le paiement de la dette nous inclinait à ressentir une préférence envers lui, même quand il se rebellait contre nous, et plus encore lorsque cette révolte s'appuyait sur l'Histoire, cette Histoire coloniale avec laquelle nous sommes désormais fâchés quand nous ne la renions pas. Cherchant à effacer cette tache du passé souillant nos vêtements neufs, peut affleurer la tentation sacrificielle, sacrifice de nos intérêts et sacrifice des Caldoches devenus la mémoire vivante de nos méfaits, rappel insupportable de notre mauvaise conscience. Toutefois, en faveur de ces lointains colons perdus dans la nuit des temps, une autre mauvaise conscience est en œuvre, encore bien fraîche dans la tête de ceux qui ont vécu cette triste affaire : la trahison et, pour finir, l'abandon d'un million de « pieds noirs » dans le règlement du conflit algérien. Tous les éléments d'un drame cornélien se trouvaient donc ici réunis en ce début de l'année 1985.

Mais pour revenir à ma réaction après l'intervention présidentielle, eh bien, je vivais une expérience similaire à celle de tous ces Caldoches dont les yeux étaient tournés vers la mère-patrie, et je pouvais m'appliquer à moi-même la réflexion que je leur tins concernant la part de subjectivité appliquée à la perception des distances. En effet, de la Lune, la Terre paraît très proche et on ne voit qu'elle. Et je réalisai alors que, comme eux, je me trouvais sur la Lune.

Or, en ce 31 décembre 1984, l'expérience socialiste en pleine déroute venait de prendre un virage ; depuis 1981, elle allait à contre-courant de l'économie mondiale qui, avec Ronald Reagan et Margaret Thatcher, empruntait la voie du libéralisme si bien que, pour ne pas voir les ténèbres recouvrir de son ombre cette belle expérience, cette lumière apportée au monde disait Jack Lang, François Mitterrand lui donna un nouvel objectif : s'arrimer à l'Europe et d'abord à l'Allemagne, notre principal partenaire économique. Et ce fut le nouveau credo de l'Élysée, le grand dessein du septennat et l'essentiel de l'allocution présidentielle lui fut consacré. La Nouvelle-Calédonie n'était qu'un caillou dans la chaussure de Mitterrand comme l'Algérie le fut pour de Gaulle qui, très vite, chercha à s'en débarrasser afin de pouvoir se consacrer à l'essentiel : l'avenir.

Encore l'Algérie ! Décidément, on n'en sortait pas ! Tout y ramenait ! Et toujours on y revenait, que ce fût ici ou là-bas, comme je pouvais le lire dans la presse parisienne qui ne cessait de faire le parallèle en versant dans les clichés éculés mais bien utiles aux lecteurs. Et les journaux de dénoncer à longueur d'articles la position dominante des riches colons, minorité se réservant les meilleures terres après en avoir chassé les premiers occupants, les Canaques, par eux parqués dans des réserves inhospitalières de la côte est. Des images et un discours plaqués par les « grandes plumes » de notre presse nationale qui, là encore distance oblige, s'exprimaient sans avoir mis le pied sur le sol calédonien. Mais d'objectivité, de recul historique, d'analyse, nul n'était besoin pour nourrir un propos entendu, propre à satisfaire une opinion plutôt désinvolte sur un tel sujet et invitée à prendre parti contre l'Histoire.

Si l'évocation de l'Algérie servait la cause de l'indépendance soutenue par les Canaques, le souvenir de son règlement hantait les pensées des Caldoches. Et quand ils y pensaient, c'est l'effroi qui les saisissait, car toute leur vie était là, souvent depuis plusieurs générations, et pour ceux-là, nombreux, exilés séculaires, ne subsistait aucun lien avec la métropole, aucune famille ni aucun contact. La valise ou le cercueil, telle avait été l'alternative laissée par le FLN aux pieds noirs et ce fut la valise : ici ce serait le cercueil mais pas sans se défendre au préalable.

À Paris aussi, les autorités redoutaient une issue à l'algérienne qui pourrait bien être pire encore car, en effet, à près de 20 000 kilomètres il paraissait impossible de rapatrier près de 80 000 ressortissants français. Aussi, éviter l'engrenage fatal de la violence devint l'obsession du gouvernement. Et avec François Mitterrand à la tête de l'État, il n'y aurait pas de Sétif (1) en Nouvelle-Calédonie, ce qui s'accordait à l'éthique de nos démocraties post-guerrières pour lesquelles les temps ne sont plus aux massacres, fût-ce au nom de l'ordre intérieur et de la raison d'État.

Depuis la fin de la Seconde Guerre mondiale, depuis la décolonisation, l'Histoire était un volcan en voie d'extinction. Or voilà que cette Histoire se rappelait à notre bon souvenir. Un résidu avait été oublié quelque part sur un caillou posé là-bas en plein océan Pacifique ; de là, surgissant des ténèbres, à des années lumières de notre nouvel ordre mondial, revenait un fantôme. Retour inconvenant autant qu'anachronique.

Un mot avait suffi à provoquer ce retour du refoulé : le mot indépendance. Pour les uns, les Canaques, ce mot signifiait liberté et souveraineté, la possibilité pour eux de se déprendre de la tutelle française et de mettre en œuvre leur programme revendiquant des terres ancestrales - ce qui devait conduire à exproprier les Caldoches qui y sont installés - et instaurant une République socialiste de type collectiviste plus conforme à un mode de vie clanique peu compatible avec l'individualisme capitaliste. Pour les autres, les Caldoches, ce mot était celui de tous les maux : expropriation, spoliation, la ruine et pour finir, la mort. Pour la plupart des broussards, petits et moyens éleveurs ou petits exploitants agricoles, livrer le Caillou (2) aux Canaques du FLNKS revenait à signer un arrêt de mort. Où aller et comment vivre si leur terre était confisquée ? À Nouméa ? Pour y faire quoi ? Et puis cette terre, c'était eux après leurs parents qui l'avaient mise en valeur ; alors s'en arracher, l'abandonner : impensable. Plutôt mourir. Et ce fut la trame de quelques drames, assez rares mais tragiques, qui se déroulèrent dans les semaines qui suivirent les événements, les Caldoches ayant sorti les fusils, dont certains conservés de la Seconde Guerre mondiale, pour défendre leurs biens et leurs familles menacés par des groupes canaques indépendantistes vers Thio, fief de d'Éloi Machoro, ou vers Hienghène, la ville de Jean-Marie Tjibaou.

Avant l'arrivée des socialistes au pouvoir en 1981, un surcroît d'autonomie avait été rétrocédé au Territoire. C'était en 1976 avec la création d'un conseil de gouvernement qui avait joué le jeu après que l'État français leur eut redonné quelques libertés confisquées la veille. Empêché de fonctionner, ce conseil fut dissout en 1979. L'alternance eut lieu et Paris présenta un nouveau statut en 1983, plus généreux que jamais, prévoyant une autonomie transitoire et spécifique, une loi-cadre Defferre élargie, un statut qui laissait ouverte la possibilité d'une évolution vers l'indépendance. Trop tard et trop peu pour les uns, les indépendantistes ; inacceptable pour les autres qui ne voulaient pas entendre parler d'indépendance synonyme de mort. Et ce furent les événements de novembre 1984.

Puis arriva Edgar Pisani, ministre-délégué nommé par François Mitterrand en remplacement du haut-commissaire. Rossinante de la politique qui s'usa le cuir sous la quatrième République, l'homme, jeune héros de la libération de Paris, est un gaulliste de gauche fondateur du MPR (Mouvement Pour la Réforme) ; il détint plusieurs portefeuilles ministériels dont celui de l'agriculture sous de Gaulle et Pompidou où il se forgea une solide réputation de négociateur avant de partir couler des jours tranquilles sous les ors du Sénat.

Jusqu'au jour où, en décembre 1984, il est sorti de l'oubli où il avait sombré depuis 1967 pour être remis sous les feux de la rampe par un président empêtré dans un dossier calédonien parvenu à un point de blocage. L'homme « providentiel » venu des temps historiques se voit confier une mission qui s'annonce des plus délicates : démêler l'imbroglio politique qui vient de virer au psychodrame dans la plus éloignée de nos colonies. Pas simple. Mais l'homme est retors et pas du genre à reculer devant les difficultés. Il releva le défi.

Et ça va plutôt mal commencer car dès qu'il apparut sur les écrans de RFO, ce fut une terrible impression. On découvrit un homme d'âge mûr, cheveux et barbe blancs, le visage fermé et grave, barré par de fines lunettes de vue qui dissimulaient à peine un regard perçant que l'on devinait sévère. Dans ses habits sombres couvrant un corps filiforme, il avait l'allure d'un vieux pasteur protestant reconverti en un don Quichotte qui eût fait carrière dans l'enseignement des sciences morales. En accord avec le personnage tout en austérité, le ton était sec comme un coup de trique et les phrases qu'il prononçait d'un ton monocorde sonnaient comme le claquement d'un fouet, précises et cinglantes. Jamais ici, de mémoires de Canaque et de Caldoche réunies, on n'avait vu ni entendu pareil phénomène ; on l'eût cru descendu de la planète mars. Une terreur. Ses valises à peine posées, il prit l'antenne et, ignorant superbement les Caldoches, s'adressa aux Canaques pour exiger d'eux un retour à l'ordre – antienne du Premier ministre - et pour proposer aux Calédoniens l'organisation d'un référendum débouchant sur une indépendance-association. Sans doute espérait-il créer un choc qui permettrait de sortir de la crise. Ce fut un choc, en effet, mais pour ce qui était de la sortie de crise, ce fut raté. Les violences redoublèrent et l'on commença à compter des morts.

Qu'était-ce donc que cette indépendance-association dont personne n'avait entendu parler jusqu'alors ? C'était du recyclé comme l'avait été l'éphémère Statut Lemoine, une resucée de la loi-cadre Defferre. La République se comportait dans cette affaire à la manière de ces mères qui, par souci d'économie, repassent aux plus jeunes de leurs enfants les habits des aînés. Imaginé par de Gaulle alors qu'il souhaitait en finir avec l'interminable conflit algérien, le projet d'indépendance-association n'avait même pas eu le temps de servir ; il était comme neuf. Et, à l'époque, Edgar Pisani avait soutenu ce projet qui préservait une part de nos intérêts en Algérie. Et voilà qu'il ressortait du tiroir où il dormait depuis plus de vingt ans pour servir un François Mitterrand tout aussi pressé d'en finir avec cette pénible et insolite résurgence de notre passé colonial.

Comme il arrive souvent en ce cas, le costume déplut au petit ; le projet Pisani fut rejeté à la fois par les indépendantistes qui redoutaient le résultat du scrutin et par des Caldoches dressés vent debout, heurtés de se voir proposer un vote dans les six mois et plus encore, amèrement blessés de se sentir ignorés et méprisés par celui qui devint aussitôt leur tête de Turc.

Longue et pleine d'embûches est la route qui doit mener à l'apaisement et à une solution viable pour tous ceux qui, Canaques, Caldoches, Wallisiens, Futuniens, Indonésiens, Vietnamiens, Polynésiens et Français installés, ne peuvent envisager leur vie ailleurs que sur ce bout de terre isolé ! Sans doute Edgard Pisani fut-il cassant et brutal, mais il parvint à s'imposer et à éviter la guerre civile. Avec la « neutralisation » d'Éloi Machoro et de son principal lieutenant en janvier 1985, était décapitée la tendance dure du FLNKS, celle qui prônait la lutte armée en recourant, comme il est d'usage en ce cas, au terrorisme à l'endroit des populations loyalistes et à la guérilla contre les forces de l'ordre coloniales. Écartée la voie de la violence, la négociation put s'engager à mesure que disparaissaient les barrages et que reprenait le cours normal de la vie sur le Caillou. Repoussé au 31 décembre 1987 puis abandonné, le référendum sur l'indépendance-association laissa place à une régionalisation du Territoire en quatre parties ayant chacune une large autonomie administrative et financière. Un scrutin fut organisé en septembre 1985 et tous acceptèrent, cette fois, d'y participer. Le calme était revenu et la crise semblait s'éloigner. Et le ministre-délégué put repartir vers Paris dès novembre, au grand soulagement des loyalistes, laissant les manettes au haut-commissaire, Fernand Wibaux, dont les rondeurs et les manières de chanoine étaient des plus rassurantes. Après la rugosité relationnelle de Pisani, les habitants du Caillou goûtèrent l'onctuosité toute diplomatique dont faisait preuve l'ex-ambassadeur à l'égard de ses interlocuteurs.

Mais la paix fut de courte durée, car en métropole les élections législatives de 1986 ramenèrent la droite au pouvoir, une droite revancharde emmenée par un Jacques Chirac plus fougueux que jamais et qui allait se confronter au président dans l'exercice inédit de la cohabitation. Et le dossier calédonien, véritable patate chaude, tomba dans les mains du nouveau Premier ministre et de Bernard Pons aux DOM-TOM, ce qui n'était pas pour déplaire à François Mitterrand.

Et arriva ce qui devait arriver. En repoussant toute idée d'indépendance, le gouvernement allait souffler sur les braises encore chaudes de l'extrémisme indépendantiste légitimant son discours : puisque Paris ne veut pas nous accorder l'indépendance, prenons-la. Après tout, le peuple français n'avait pas pratiqué autrement deux siècles plus tôt pour se libérer de l'absolutisme royal et se saisir de son destin. La liberté ne se reçoit pas, elle se prend ; par la force s'il le faut. Et ce fut la prise d'otages d'Ouvéa.

Revenue au pouvoir avec la réélection de François Mitterrand à la présidence de la République en mai 88, quelques jours seulement après le dénouement tragique du drame d'Ouvéa, la gauche retrouva le dossier calédonien. Et c'est le Premier ministre en personne qui s'en empara. Michel Rocard eut l'idée d'organiser une réunion de toutes les parties à Matignon sous l'œil d'un président bien heureux de pouvoir déléguer à nouveau, mais restant toujours aussi attentif à tirer avantage de la situation quel que fût le cas de figure. La rencontre fut un huis clos forcé qui aboutit aux accords dits de Matignon qui prévoyaient, entre autres choses, de poser la question de l'indépendance au terme d'un processus de dix ans, soit en 1998. Tout le monde se félicita de cet accord et François Mitterrand le premier, réjoui d'avoir repoussé le problème, d'avoir comme il aimait à le dire, donné du temps au temps. Et de souhaiter secrètement bonne chance à son successeur, ou bon courage, c'est selon, lui-même étant assuré de n'être plus en fonction à cette date. Ainsi va la politique !

1- *À Sétif, en Algérie, une contestation arabe fut sévèrement réprimée tournant au massacre. Ce fut l'événement inaugural des «événements». Mitterrand s'en souvenait, d'où sa prudence. Son successeur, Jacques Chirac, n'eut pas cette prudence lorsque, Premier ministre, il lui fallut gérer la prise d'otages d'Ouvéa. Mais c'était, il est vrai, entre les deux tours de l'élection présidentielle.*

2- *Nom donné à l'île par les Néo-calédoniens*

Le Caillou dans la chaussure de Rocard

Dans les premiers mois de l'année 1988, François Mitterrand entra en campagne pour sa réélection à la présidence de la République. Le candidat voulait une France unie et il prêcha l'œcuménisme politique en lieu et place du socialisme. La France le suivit le préférant à Jacques Chirac devenu libéral. Après la cohabitation, ce fut l'ouverture, une ouverture qui porta le nouveau président à recruter au centre qui, à l'époque, était de droite, ou encore, à aller à la rencontre de la société civile accueillant dans le gouvernement, notamment, le *French docteur* des années 70, Bernard Kouchner. Mais l'ouverture alla aussi jusqu'à nommer Premier ministre l'homme politique resté le chouchou des sondages, Michel Rocard, candidat putatif récompensé d'avoir passé son tour. D'un point de vue politique, tout cela était très logique. Mais pour l'homme du *parler-vrai*, comme le désignaient les médias, sa popularité allait être soumise à la dure épreuve du pouvoir. Et là, peut-être, dut songer le « sphinx de l'Élysée », finirait-elle enfin par s'user. Or, dans un premier temps, ce fut un état de grâce, non pas pour le nouvel élu du « château », mais pour l'hôte de Matignon. La méthode Rocard semblait faire des miracles et le premier d'entre eux fut l'accord obtenu entre les protagonistes, hier encore ennemis, de la politique néo-calédonienne.

Le Caillou , comme on appelait la Nouvelle-Calédonie, s'était invité dans la campagne présidentielle et ce fut une tragédie.

Quand l'affaire éclata, nous étions le 22 avril 1988, à deux jours seulement du premier tour de l'élection présidentielle. Ce jour-là, la gendarmerie de Fayaoué, située sur la petite île d'Ouvéa, fut assaillie par un commando de Canaques indépendantistes. Deux gendarmes furent tués et les autres retenus prisonniers, pris en otages. Aussitôt François

Mitterrand, dont le Secrétaire général avait reçu une délégation indépendantiste du FLNKS quelques jours plus tôt, fut suspecté d'avoir commandité le coup, sinon de l'avoir couvert. Ambiance.

Il est vrai que le président ne cacha jamais ses préférences, les exprimant même nettement dans sa *Lettre à tous les Français*. Ainsi, opposant les uns, Calédoniens d'origine européenne, et les autres, les Canaques, il écrivait : « *Les Calédoniens d'origine européenne, eux, ne bâtissent pas de théorie. Ils ont le pouvoir. Les plus forts le gardent. Sans nuances. Les Canaques avaient des terres, on les leur a prises. Des ministres de la République, avant et après 1981, avaient cherché à leur rendre justice par une réforme foncière. Ces ministres sont partis. La réforme aussi. Les Canaques ont une culture. Des ministres français, avant et après 1981, avaient voulu la protéger et avaient pour cela créé un office culturel. Les ministres sont partis. L'office aussi. Il n'y avait pas de bachelier canaque jusqu'en 1962. Il y a peu de médecins ou d'ingénieurs canaques, trente-six instituteurs sur plus de huit cents, six fonctionnaires de rang élevé sur près de mille.* »

Une telle présentation me faisait bouillir le sang. Quelle mauvaise fois ! Que de sous-entendus perfides ! Et quelle dramaturgie ! Le chapitre commence ainsi : « *Mais tandis que j'écris ces lignes, on pose sur ma table un message de M. Tjibaou. C'est un appel au secours …* » Comme c'est affreux ! On tremble. Tous les Français doivent comprendre : depuis que la droite est revenue aux affaires, les Canaques sont au désespoir ; lui réélu se porterait au secours de ce petit peuple opprimé par les puissants Caldoches et leurs alliés du RPR. Clairement, étaient désignés dans ce discours les gentils d'un côté, les Canaques, aidés par certains en métropole – à gauche, sans doute -, victimes des méchants de l'autre, les Calédoniens d'origine européenne, qui les dominent aidés en cela par d'autres en métropole – à droite, probablement. Vision manichéenne qui omettait le rôle majeur tenu par la France dans cette affaire, les Caldoches n'ayant pu s'installer et prospérer que par et dans le cadre juridique édicté par la métropole. « *Les Canaques avaient des terres, on les leur a prises.* », déplore notre candidat-président. Mais ce « *on* », c'est la

France ! Ces terres, ce ne sont pas les bagnards, prisonniers puis exilés politiques de la Commune qui les ont prises ; ces terres indigènes, c'est Paris qui les leur a données pour qu'ils les mettent en valeur. Présenter ainsi les choses, c'était omettre aussi que Canaques et Caldoches avaient créé ensemble l'Union calédonienne, un parti fraternel. Il est vrai que c'était au temps de la loi-cadre Defferre, une loi qui fut abolie par la métropole quand il fut question de satisfaire et de protéger ses intérêts stratégiques et économiques du moment. Enfin, comment mettre sur le seul compte d'on ne sait quelle inégalité ou d'un quelconque obstacle caldoche ou colonial, le manque de réussite scolaire des Canaques alors que ces derniers ont librement et gratuitement accès à l'enseignement et que des bourses leur sont attribuées au même titre que n'importe quel étudiant d'origine modeste résidant en France ou dans nos départements et territoires d'outre-mer. L'auteur de la *Lettre à tous les Français* ne pouvait pas ignorer que les causes de cet échec scolaire sont ailleurs, qu'elles concernent tous les occupants de ce Territoire Français totalement isolé, au plus loin de la métropole, et insuffisamment peuplé pour offrir, sur place, les formations professionnelles et universitaires qui feraient de ces habitants, qu'ils soient Canaques, Caldoches ou même « zozos », des docteurs en quoi que ce soit, des ingénieurs ou des hauts fonctionnaires. Poursuivre des études là-bas, oblige à se rendre en Australie – si l'on maîtrise la langue- ou en métropole, toutes choses compliquées. Pour tous les Calédoniens.

Il y avait dans les propos présidentiels beaucoup de partialité et des messages politiques biaisés adressés à des Français qui ne pouvaient savoir ce qu'étaient le « Caillou », son histoire si particulière et la vie de ses occupants. Jeu politique ? Manipulation de l'opinion ? Je ne savais. Mais j'étais déçu et peiné de lire cette prose-là. J'avais apprécié la sagesse de l'homme qui avait refusé de faire appliquer la force injuste de la loi mais ici, son appel à la sagesse, la nôtre, la sienne aussi, sans doute, sur de tels propos impropres à favoriser la paix et la sérénité, tendait à me faire enrager. Sans doute ce message était-il destiné à séduire son électorat. Il séduisit. Et pas seulement à gauche. Raymond Barre, son concurrent du premier tour, confia avoir regretté de n'avoir pas écrit ce chapitre de la « Lettre » (1). Cependant, je ne cessai de me demander pourquoi François Mitterrand avait tant pris parti pour les indépendantistes canaques. Et la seule réponse que je me donnais était qu'il tentait de se racheter une conduite après avoir été le ministre de l'Intérieur chargé du maintien de l'ordre en Algérie, trois décennies plus tôt, et puis surtout d'avoir été le Garde des Sceaux qui autorisa l'Armée à pratiquer la torture.

Quoi qu'il en fût, cette attitude, qui était plus que de la bienveillance envers les Canaques, ne pouvait qu'inquiéter le Premier ministre de cohabitation, Jacques Chirac, qui menait depuis deux ans une politique moins favorable aux indépendantistes, inspirant un nouveau statut qui ôtait certaines compétences accordées aux régions par Edgar Pisani. Dans le même temps, en septembre 1987, la population calédonienne fut soumise au référendum voulu par le statut Fabius-Pisani de 1985 qui posait la question de l'autodétermination, lequel référendum fut boycotté par les Canaques qui, évidemment, en rejetèrent le résultat. François Mitterrand promit que, réélu, il reviendrait sur ces lois qu'il lui fallut signer. Aussi, quand débuta l'affaire d'Ouvéa, l'inquiétude du candidat-Premier ministre vira à la suspicion.

Vue la différence d'appréciation politique du dossier calédonien, vue la défiance dans cette affaire capitale ou deux militaires furent assassinés et 19 autres retenus en otages, vu enfin le contexte de l'élection présidentielle, la gestion de la crise releva exclusivement de Matignon. Et il fallut aller vite. L'affaire devait être réglée dans les deux semaines, un succès pouvant avoir des répercussions sur le second tour. Sa résolution, en revanche, ne pouvait se passer de l'accord du chef de l'État. Jacques Chirac l'obtint en présentant la situation de manière à ne laisser aucune alternative (2) à l'assaut de la grotte où étaient détenus les otages. On connaît la suite.

Au lendemain de l'élection présidentielle, le Caillou était en ébullition et l'État, comme en 1984, se montra à nouveau carrent. Dès son arrivée à Matignon, Michel Rocard s'empara du dossier, obtenant le feu vert et le soutien de l'Élysée. Bonne chance pouvait lui souhaiter François Mitterrand qui, c'est le moins que l'on pût dire, n'avait pas une ligne très claire sur le sujet. Que l'on en juge à partir de sa *Lettre à tous les Français* dans laquelle il disait comprendre la thèse défendue par Jean-Marie Tjibaou revendiquant le droit, pour les Canaques, d'être souverain chez eux tout en réfutant cette théorie du droit inné et inaliénable du premier occupant pour lui opposer le droit des Calédoniens d'origine européenne : *« L'indépendance, pourquoi pas ? écrivait-il. La population eût été homogène que la Nouvelle-Calédonie en serait là, comme ses voisins »*. Rendons cependant grâce, au passage, à l'État colonial français de n'avoir pas procédé à l'épuration ethnique comme ce fut le cas pour les Indiens d'Amérique ou pour les voisins des Canaques, les Maoris en Nouvelle-Zélande ou encore les Aborigènes en Australie. La réalité de notre Territoire néo-calédonien est tout autre et impose un autre choix, car non seulement la population n'y est pas homogène, mais elle est partagée en deux blocs d'importance comparable. Comparable, mais malheureusement pour les indépendantistes, la part de la population souhaitant rester dans la République était majoritaire en 1987, comme venait de le montrer clairement les résultats du référendum. Ainsi les abstentions, parmi lesquels se comptait le FLNKS – auxquels il fallait sans doute ajouter les Canaques loyalistes ou attentistes qui n'ont pas osé aller voter –, ne représentaient que 40,90 % des électeurs alors que plus de 57 % des Calédoniens se sont prononcés pour le maintien dans la République (3). L'indépendance n'était donc pas possible ; elle n'était pas non plus souhaitable, comme le plaidait notre candidat-président, tentant d'expliquer à son ami Tjibaou que si la France se retirait, alors ce serait la guerre civile, *« la seule guerre inexpiable, et donc l'écrasement d'un des deux camps »*. Et d'ajouter, ultime argument compassionnel : *« On devine lequel »*. Curieuse conclusion en réalité, car les Caldoches et autres Français d'origine européenne installés en brousse sont, en réalité, bien isolés et bien vulnérables. Aussi, le massacre, s'il devait avoir lieu, pourrait bien être de ce côté-là.

L'indépendance, pourquoi pas ? La Nouvelle-Calédonie sans la France, ce serait la guerre civile. Où doit-on aller et quel chemin emprunter alors ? Suivez la voie de la sagesse nous dit l'auteur de la « Lettre ». Bien. Mais encore ! Alors, vient cette forme de conclusion bien éclairante adressée à on ne sait qui des électeurs métropolitains ou des indépendantistes néo-calédoniens : « *Le droit bafoué des Canaques ne sera relevé, restauré que par la paix intérieure et le garant de cette paix et de ces droits ne peut être que la République française* ». Super ! dirait un juvénile électeur. Mais qu'est-ce au juste que le relèvement ou la restauration du droit bafoué des Canaques ? S'agit-il pour eux de recouvrer leur souveraineté ? Mais alors ce serait l'indépendance ! Sinon de quoi parle-t-on ? L'indépendance tout en restant dans la République ? Allez comprendre !

« À toi de jouer Michel » aurait pu être la phrase d'encouragement de l'ex-candidat-président. Une vraie patate chaude, ce dossier calédonien. À défaut d'avoir une feuille de route claire, il fallait d'abord éviter la guerre civile qui menaçait après l'assaut de la grotte d'Ouvéa et qui, on l'a compris, ne pourrait être fatale qu'aux Canaques. Michel Rocard envoya une délégation chargée de renouer les fils du dialogue et cela étant fait, il convoqua les protagonistes à Matignon. La méthode s'apparentait à celle de Mendès France qui parvint à mettre un terme à la guerre d'Indochine en négociant les accords de Genève en un temps record. Rocard qui admirait Mendès fit de même qui, telle la mouche du coche, activa les négociations qui débutaient entre les délégations menées par les principaux représentants des deux camps, Jean-Marie Tjibaou et Jacques Lafleur. Il alla même jusqu'à les séquestrer à Matignon. Les uns et les autres ne ressortiraient que l'accord signé. Et l'accord fut trouvé et signé. La question critique, celle de l'indépendance, était repoussée. Un nouveau référendum serait organisé, mais en

1998, dix ans plus tard. La patate chaude passerait à d'autres. François Mitterrand ne serait plus là. Et la patate de passer de main en main ; arrivée dans celles de Lionel Jospin Premier ministre de la cohabitation de Jacques Chirac président, furent signés les accords de Nouméa qui renvoyèrent la question de l'autodétermination et le référendum à l'horizon 2014-2018.

À qui le tour ? C'est à donc Emmanuel Macron que revient la délicate tâche d'organiser le vote car, bien sûr, François Hollande, son prédécesseur, ne s'est pas empressé de la faire lorsqu'il était en poste de 2014 à 2017. Le changement promis quand ce dernier était candidat ne devait pas concerner la Nouvelle-Calédonie. D'ailleurs, après-coup, après cinq ans de présidence, on se demande de quel changement il faut question avec François Hollande autre que celui de remplacer Nicolas Sarkozy.

Oui : une vraie patate chaude ce dossier néo-calédonien ! Donnons donc du temps au temps et le temps se chargera, peut-être, de nous apporter la solution. Trente-quatre ans sont passés depuis novembre 1984 et trente ans depuis la tragédie d'Ouvéa. Le temps permettra-t-il de faire aujourd'hui ce qui fut impossible hier ?

1- *Confidence rapportée dans Verbatim II de Jacques Attali.*

2- *D'après Edgar Pisani, une alternative existait pourtant ; elle passait par la négociation qu'il menait avec JM Tjibaou, laquelle était sur le point d'aboutir. Dans « Persiste et signe » d'Edgar Pisani.*

3- *Résultats bruts obtenus : sur 85022 électeurs, 34772 abstentions, 50250 votants, 797 nuls, 49453 exprimés, 48611 pour le maintien dans la République, 842 pour l'accession à l'indépendance.*

Vices et vertus de l'éloignement

2013, tente ans plus tard : retour en Nouvelle-Calédonie. En touriste cette fois. Je découvris alors Nouméa que je connaissais peu, une ville balnéaire avec ses deux grandes plages, à l'Anse Vata et à la Baie des Citrons qui ne se couvrent de baigneurs que les week-ends, restant quasi désertes en semaine. Comme la ville elle-même d'ailleurs. Aucun embouteillage sauf aux ronds-points situés aux deux extrémités de la cité qui, le matin et le soir, absorbent le flux de ceux qui travaillent provoquant trois cents mètres de ralentissement à peine supportables pour les locaux qui se plaignent et parlent de saturation. Il faut reconnaître que la ville a doublé sa population en trente ans, comptant 100 000 âmes aujourd'hui et 160 000 si l'on ajoute la banlieue ; elle est la métropole francophone la plus importante du Pacifique. Mais avec une densité de deux mille habitants au km2, dix fois inférieure à celle de Paris, elle semble aux touristes dépeuplée et endormie. En semaine, la place des cocotiers, centrale et bordée de commerces, n'est fréquentée que par quelques dizaines de passants ; le boulevard qui longe le bord de mer coule des heures tranquilles, peu de voitures venant le troubler ; le soir, à la nuit tombée, c'est-à-dire à 17 heures l'hiver et 19 heures l'été, le vide devient sidéral, le centre étant totalement déserté. Le Nouméen ne flâne pas, il rentre chez lui. Rares sont ceux qui s'arrêtent prendre un verre aux quelques bars qui bordent les plages ; moins nombreux encore sont ceux qui fréquentent les restaurants fort chers et principalement fréquentés par les touristes, eux-mêmes assez épars. Ce qui n'arrange rien, la ville serait devenue dangereuse. Les agressions s'y multiplieraient ces dernières années. Quelques faits divers alimentent régulièrement la psychose qui se développe. Ainsi, quelques jours avant mon arrivée, une jeune femme, une Européenne, a été sauvagement agressée par des Mélanésiens. Vive émotion. Quelques jours plus tard, c'était un Wallisien qui était roué de coups par des Canaques à qui il avait refusé de céder son portable ; il mourra de ses blessures. Deux victimes d'un phénomène récent qui tend à s'aggraver et qui inquiète fortement des citadins jusqu'alors épargnés par la délinquance. Cette violence semble principalement le fait de Canaques déracinés, en rupture avec la coutume ou attirés par la ville et sa modernité et qui, sans formation restent souvent sans emploi, se marginalisent, logent dans des bidonvilles à la périphérie de la ville, errant la nuit, alcoolisés ou « shootés ». Ici aussi, comme en métropole, les prisons sont surpeuplées et l'insécurité devient une préoccupation. « Nouméa la douce » tremble et plus personne ne circule ni ne se promène en ville à la nuit tombée. La seule animation se trouve regroupée en bordure de mer, et encore faut-il attendre le week-end. Nouméa by night n'a pas grand-chose à proposer. On se croirait dans une petite ville de province ; pas de quoi attirer la foule des touristes ni les fortunes en mal d'exhibition.

Dommage pour l'économie du Territoire mais cette infortune lui permet de se garder des inconvénients multiples du tourisme de masse ; la Nouvelle-Calédonie conserve son âme et préserve son littoral. Paisible et sauvage y est la nature et grande est la qualité de vie. Pour ceux qui apprécient les plaisirs de la mer, ce coin est impayable : une eau transparente dont la température oscille, selon les saisons, entre 20 et 28 degrés ; un récif avec ses plages de sable blanc, des îlots totalement déserts, situés à quelques brassées, entourés d'un lagon où, muni d'un simple masque et d'un tuba, l'on peut admirer les coraux et ses poissons multicolores plus variés et plus nombreux que ceux que l'on pourrait jamais réunir dans le plus grand et le plus beau des aquarium sans compter que, parfois, une tortue vient se montrer, passant, majestueuse, à portée de main, offerte à toute caresse. Une forme d'Éden aquatique dont il peut être difficile de se lasser. Pour un sportif, en toute saison, il est possible de se livrer à sa passion pour le windsurf ou le kit surf. Et bien sûr, la pêche sous toutes ses formes, à la traîne, en plongée, au gros… dans un lagon abondant de savoureux poissons et autres langoustes qui rivalisent à table avec les crabes de palétuviers, sans conteste les meilleurs du monde.

Mais quittant Nouméa, je pris le chemin du nord pour la brousse qui m'est plus familière. Passé *Rivière Salée*, commence, comme dans mon souvenir, un paysage de verdure traversé par une seule route qui remonte la côte ouest. Le flot de voitures déjà rare à Nouméa se fait de plus en plus discret. Mais la vigilance s'impose, car les excès de vitesse et surtout l'alcool rendent cette route très dangereuse, parmi les plus mortelles du monde. La nuit, en particulier, mieux vaut rester chez soi si l'on veut éviter de croiser quelques chauffards roulant à tombeau ouvert ou si l'on ne veut pas écraser quelques individus endormis sur la chaussée, totalement ivres. Chaque année, on compte 70 morts et on ne sait combien de blessés ; rapportés au nombre d'habitants, cela donne un taux de mortalité routière six fois plus élevé qu'en métropole.

Passé Tontouta, l'aéroport international de Nouméa, j'étais pratiquement seul sur cette route qui traverse un village tous les trente kilomètres. Puis c'est Bourail, la deuxième ville de l'île, étendue sur quatre ou cinq kilomètres, inchangée depuis des décennies, 6 000 habitants, six au kilomètre carré. Direction la côte est en empruntant la route qui part à droite vers le col des roussettes, du nom des chauves-souris géantes qui peuplent les forêts calédoniennes. Quarante kilomètres pour traverser la chaîne montagneuse et sa luxuriante forêt tropicale qui barrent la Grande Terre du nord au sud ; quelques rares tribus y sont nichées. Il faut compter trois quarts d'heure passés à serpenter dans cette nature sauvage par cet accès abrupt où le jeu consiste à éviter les nids de poule, assez nombreux par endroit. Mais ne nous plaignons pas car ici, jusqu'en 1984, c'était une piste de terre transformée en boue par temps de pluie, impraticable à qui n'avait pas un véhicule tout-terrain.

Arrivée sur la côte est. La commune de Houaïlou : inchangée depuis trente ans. C'est un village sans grand intérêt, lieu de rendez-vous des Mélanésiens qui viennent y faire leurs courses au Leader Price et faire le plein de leur véhicule avant de s'en retourner chez eux, en tribus. Un fief indépendantiste. Certaines de ces tribus sont restées très hostiles comme je pourrai le vérifier, m'y étant égaré en cherchant à rejoindre la ville minière de Poro. Rebroussant chemin, je recroisai quelques Canaques à la mine patibulaire et à l'allure hostile, lesquels semblaient vouloir m'empêcher de traverser un pont à la sortie de leur tribu. Finalement ils s'écartèrent et me laissèrent passer. Mais, à peine franchi le pont, un bruit sec, et vola en éclats la vitre arrière de la voiture, atteinte par un projectile, un caillou sans doute, lancé à l'aide d'un « bibiche » comme on appelle ici ce qui ressemble à un lance-pierre, bricolé à l'aide d'une lamelle d'élastique tendue entre les deux branches d'un bout de bois en Y. Nous avions eu le tort d'être des étrangers égarés en cet endroit où des jeunes désœuvrés, incontrôlés par les anciens, se livrent, sur un vague fond de revendication politique, à quelques méfaits, consommant haschich (production locale) et alcool. Un phénomène tout à fait comparable à ce que nous connaissons en métropole dans les banlieues dites sensibles, mais qui, ici, en Nouvelle-Calédonie, est relativement récent. La tribu et sa vie coutumière ne seraient plus l'avenir de certains jeunes qui, en rupture, ne connaissent pas de réelle alternative.

Fuyant cette contrée inhospitalière, je suivis la côte pour atteindre Ponérihouen trente kilomètres au nord. Même type de village, une pompe à essence et un Leader Price. Je ne reconnus qu'à peine les lieux, plus désertiques encore que dans les années 80. Le dispensaire aux murs blancs de mon souvenir avait été repeint de couleurs vives, jaunes et rouges. Là étaient deux médecins, quatre infirmiers diplômés, une ambulance à demeure pour une activité limitée désormais aux consultations et aux tâches administratives, les accouchements et les gestes de petite chirurgie étant adressés sur le nouvel hôpital de Poindimié, vingt-cinq kilomètres plus au nord, ou à Nouméa. Un luxe pour une population de 4 000 âmes.

Poindimié, sous-préfecture de la région : 4 900 habitants. Un peu plus d'animation et de vie que dans les villages de brousse grâce à la présence des « zoreilles » qui y résident plus nombreux, enseignants et employés administratifs envoyés par la métropole. Un dispensaire et un hôpital. Une consultation psychiatrique aussi. Et un hôtel de luxe en bordure de mer, 12 000 francs pacifique la chambre soit 100 €, et jusqu'à 33 000 francs pacifique le bungalow soit 300 €. Le même type d'hôtel, avec les mêmes prix, se retrouve à Hienghène et à Koné, notamment. Tous très peu fréquentés et présentant des prestations et un service très loin de ce que peuvent attendre des touristes un peu fortunés. Faisant une halte dans l'un d'eux, un lieu tout à fait charmant, mais où le golf et son practice ne méritent pas cette appellation, je trouve un endroit pratiquement vide et assez sinistre en fin d'après-midi où, assis à une table, contemplant le lagon depuis une bonne demi-heure, je vis arriver, nonchalamment, une jeune Canaque en claquettes et robe mission. S'adressant à moi, sans un bonjour ni un sourire, elle me demande : « *Vous voulez quoi ?* », façon de dire « *Vous désirez ?* ». On comprend alors pourquoi les touristes ne sont pas au rendez-vous de ces investissements hôteliers. Et s'il fallait que le personnel s'exprime en anglais, car la clientèle la plus proche ici est anglophone, je n'ose imaginer ce que cela serait. Ce coin certes paradisiaque n'est pas près d'être la proie du tourisme de masse : une chance ou un drame ?

La modernité aussi, par beaucoup d'aspects, épargne l'endroit, et la brousse plus encore que Nouméa. La société de consommation n'y est perceptible que dans le secteur automobile où chacun semble vouloir posséder le plus gros, le plus luxueux ou le plus puissant des véhicules tout-terrain, la Porsche Cayenne, le Dodge américain rivalisant avec les quatre roues motrices de chez Toyota ou Nissan. Pour le reste, hors Nouméa qui reste un peu coquette et dont les commerces sont variés, ce ne sont que magasins à prix discounts pour le tout courant, nul ne se souciant de la mode vestimentaire ni de l'alimentation quand les fruits et légumes poussent un peu partout et que tous ici, ou presque, pratiquent la pêche et la chasse (les cervidés et les cochons sauvages pullulent). Un commerce réduit, un élevage réduit lui aussi, car limité au marché intérieur, une industrie centrée sur l'exploitation du nickel dont l'activité dépend des cours du métal, telle va l'activité économique du Caillou. Un projet cependant, en région nord, vers Koné, une usine qui permettrait d'extraire le minerai de la latérite et dont les gains à venir seraient prometteurs. Ailleurs, pas grand-chose : le tourisme, on l'a vu, étant dans les limbes, cantonné à la « capitale » et à ses alentours, à l'Île-des-Pins, à quelques encablures, et au phare Amédée, à quelques brassées. Il faut dire aussi que la clientèle japonaise, majoritaire, ne s'aventure guère en brousse où les fait fuir le moindre petit lézard translucide à ventouses, inoffensif mais adorant se coller aux murs et aux plafonds des chambres d'hôtel. Quant aux grosses fortunes, aucune chance de les attirer en ces lieux où, certes la beauté du lagon est inégalée mais où, malheureusement, ils ne rencontrent personne avec qui mesurer la longueur et la beauté de leurs yachts et évaluer leur richesse. L'endroit n'est pas couru par la jet set du Pacifique qui lui préfère Bora Bora, les Fidji ou Hawaï.

Peu d'emplois donc peu de débouchés pour la jeunesse de brousse sur ce territoire qui souffre de sous-population et d'isolement. L'enseignement supérieur qui permettrait de former les cadres, les médecins, les ingénieurs…, n'y est pas accessible et oblige les Calédoniens qui le désirent à aller en métropole ou en Australie pour ceux qui maîtrisent parfaitement la langue anglaise. Beaucoup de handicaps qui, en cas d'indépendance, conduiraient le pays à un nécessaire et onéreux recours à du personnel compétent venu de l'étranger.

Depuis 1998, s'applique désormais l'accord de Nouméa intervenu alors que devait avoir lieu le référendum prévu par les accords de Matignon dix ans plus tôt. La tenue du vote est repoussée entre 2014 et 2018. Le mot autodétermination a remplacé celui d'indépendance et il n'est plus question de la seule légitimité du peuple canaque mais d'une légitimité

commune à tous ceux qui, installés sur le Territoire depuis plus de dix ans, y partagent une communauté de destin. Un transfert de compétences doit s'opérer, la France ne conservant que ses fonctions régaliennes de Police, de Justice, la Monnaie et la Défense.

Demeurent des zones d'ombre sur la finalité du projet et, jusqu'à récemment, des points d'achoppement sur la composition du corps électoral ; demeure aussi un rêve d'indépendance chez les Mélanésiens qui ne peuvent se contenter de semi-liberté et qui ne veulent pas renoncer à leur projet d'organisation socialiste (comprendre communiste et collectiviste et non sociale-démocrate) d'une Kanaky souveraine. Aussi, ce référendum pourrait-il ne pas être la solution idéale et définitive quand près de la moitié des votants en rejettera le résultat, quel qu'il soit.

L'exception culturelle canaque

Notre époque a inventé le devoir de mémoire pour rappeler l'Histoire au bon souvenir du peuple autant que pour en instruire le procès. Mais cette marque d'intérêt et ce rejet qui se sont développés au cours des dernières décennies sont également de pathétiques gesticulations destinées à entretenir en nous, dans la réalité présente, l'illusion de la permanence de l'Histoire alors même que l'on s'évertue à la faire passer par pertes et profits. Son surprenant réveil survenu en Nouvelle-Calédonie a replongé nos dirigeants dans une réalité qui devait rester dans les livres, destinée à croupir sur des étagères en attendant qu'un thésard quelconque ne vienne en extraire le récit. Car, pour eux comme pour nous, après avoir consenti un ultime effort afin de solder la question coloniale, un trait que l'on voulait définitif avait été tiré sur cette triste affaire. Et cette vilenie était appelée à rejoindre toutes ces vieilleries qui peuplent notre ténébreux passé et qui encombrent notre mémoire. Que vive la fin de l'Histoire !

Tout était en ordre, bien rangé, bien tranquille depuis plus de vingt ans. Le temps passait et faisait son œuvre. Le volcan ne grondait plus. L'oubli recouvrait le passé. On commençait à respirer, on se rassurait. Rien ne reviendrait des ténèbres, du lieu des morts et du souvenir. Et l'on considéra que tout retour ne serait que pure incongruité. Pire, une transgression des plus intolérables venant enfreindre un interdit majeur qui, depuis la nuit des temps, oblige les morts à demeurer éternellement dans leur monde souterrain.

Et voilà que la morte tente un retour aux antipodes. À Histoire fantomatique, remèdes de vieux chamans. Et les fossoyeurs de l'Histoire, qui furent aussi acteurs de l'ère historique agonisante, regroupés autour de leur maître en sorcellerie - je veux parler de Gaston Defferre et Edgard Pisani, ressuscités par un François Mitterrand reconverti en président de la modernité – ressortirent les fioles empoussiérées de la « loi-cadre » et de « l'indépendance-association » en pensant qu'un toilettage leur conférerait un pouvoir magique propre à renvoyer le fantôme à ses ténèbres et à son devoir qui consiste à hanter nos consciences.

Mais la chose fut plus compliquée que prévu. L'Histoire insista par la bouche de ceux qui voulaient qu'elle leur rende justice – les occupants premiers – et qui revendiquaient le droit de reprendre l'écriture suspendue de la leur.

Et, paradoxalement, alors que les temps modernes s'honoraient d'être parvenus à s'affranchir de la tâche devenue insensée d'avoir à écrire l'Histoire, notre conscience travaillée nous poussa à prendre parti pour ces hommes-là, à entendre et à soutenir leur cause. Mollement cependant. Et notre soutien fut sans doute plus dans le verbe que dans les actes comme le révéla le pourcentage de participation des Français de métropole au référendum requérant l'approbation des accords de Matignon : cette participation ne fut que de 37 %, un résultat très faible et strictement inverse à celui obtenu sur le Territoire qui compta, lui, 37% d'abstention et 63% de votants. Ainsi se mesure la différence historique et la distance qui n'est pas seulement géographique entre le Caillou et la métropole.

Le problème calédonien apparaît bien hors du temps et hors de propos à nos contemporains d'Europe.

Les Canaques veulent être libres et vivre à leur façon, c'est-à-dire selon l'ordre coutumier qui, depuis toujours, organise la société traditionnelle mélanésienne et régente les relations au sein du clan, dans la tribu et dans ses rapports avec l'extérieur. Ainsi, selon la coutume, la circulation de la parole y est strictement encadrée devant suivre une voie précise dans la communauté ; le droit d'expression ainsi que l'agencement de l'ordre et du temps de parole sont réglementés. Ne parle pas qui le veut ni quand il le veut. Autre aspect, celui concernant l'organisation socio-économique : un Canaque qui vit selon le droit coutumier ne détient pas le fruit de son travail, tout ou partie de celui-ci revenant à son groupe de référence. Pareillement, pour satisfaire cet ordre social, un projet économique, quel qu'il soit, ne saurait être que celui de la communauté ; c'est pourquoi la coopérative était une référence si chère à Jean-Marie Tjibaou. Pour un Mélanésien, l'intérêt du groupe prévaut toujours sur celui de l'individu et l'on peut comprendre alors que le collectivisme communiste leur apparaisse comme un modèle politique et économique culturellement plus compatible que celui, individualiste, porté par le capitalisme.

Mais aussitôt se pose la question de savoir si la coutume et la culture canaques portées à l'échelle d'un pays sont suffisamment armées pour endiguer le tsunami de la modernité et de la mondialisation qui submerge l'ensemble du monde de son ordre capitaliste et financier. La Kanaky, à supposer qu'elle réponde au rêve des indépendantistes et que ce rêve se concrétise, pourrait-elle vivre durablement hors du monde en adoptant un mode de vie social et économique situé aux antipodes de ce qui se pratique partout ailleurs, à contre-courant de ce qui fait tourner la planète ? « *Et alors ? me disaient mes amis canaques, regardez le Vanuatu tout proche qui est indépendant depuis 1980 et qui parvient à exister en vivant à la mélanésienne !*
- Certes, leur répondais-je, mais l'économie du Vanuatu en fait un pays du tiers-monde et il appartient désormais à ce club très ouvert des pays pauvres dont il est particulièrement difficile de sortir. Et honnêtement, ajoutais-je, l'exemple est mal choisi, car cet archipel est très loin de posséder les atouts de la Nouvelle-Calédonie, il n'en a ni l'attrait touristique, ni les richesses minières ».

Sans faire offense aux habitants du Vanuatu, leur pays n'intéresse personne. Malheureusement, ou heureusement selon le point de vue que l'on retient. En revanche, sans verser dans un chauvinisme de mauvais aloi, le monde entier s'accorde à reconnaître la beauté et la richesse exceptionnelles du lagon calédonien auquel s'adosse une nature luxuriante parmi les plus diverses en milieu tropical ; toutes les espèces botaniques tropicales s'y trouvent regroupées, un phénomène rarissime. Et puis, il y a le nickel, un gisement fabuleux qui représente un quart des réserves mondiales.

Alors, imaginons cette Kanaky indépendante peuplée de ses quelques 100 000 habitants (à supposer la seule population canaque) et ayant de tels appâts. Qu'adviendrait-il de ce minuscule archipel dans un environnement où les voisins sont une Indonésie surpeuplée et un géant chinois plus que jamais à l'affût de juteux profits ? Outre l'invasion indonésienne tant redoutée des Australiens tout proches, ne peut-on craindre que la Chine ne soit tentée d'investir là une part de ses énormes fonds souverains ? Resterait-elle très longtemps, cette petite République kanaque et socialiste (sans Armée et dotée d'une économie archaïque d'autosuffisance), la propriété des Mélanésiens quand nous-mêmes, Français, ne parvenons pas à réguler notre immigration et que nous laissons vendre nos biens nationaux aux Chinois ou à quelque autre rapace fortuné ? Resterait-elle longtemps souveraine cette Kanaky, dans un monde où de vieilles nations comme la nôtre peinent à le rester, soumises à l'ordre financier ?

Pour nous qui sommes pris dans le tourbillon de notre folle existence, courant après des profits financiers réinvestis sitôt réalisés et parfois même avant d'être perçus, pour nous qui sommes poussés à consommer et à produire toujours plus et encore plus vite, comment ne pas observer cette exception culturelle mélanésienne comme une curiosité, comme une improbable survivance d'un monde historique, ou même antéhistorique ? Survivance culturelle d'un peuple premier comme on l'appelle pudiquement. Certes, mais cette survivance n'est-elle pas vouée à quitter l'ordre du réel pour n'être plus représentée qu'au musée J.M Tjibaou à Nouméa ou au quai Branly à Paris, un musée cher à notre ancien président, Jacques Chirac, l'ami des Inuits ? Comment ne pas envier également l'insouciance et la nonchalance de ce petit peuple canaque épargné par l'Histoire quand beaucoup d'autres furent exterminés (1) ? Malgré la colonisation, et en partie grâce à elle, cette poignée d'humains est parvenue à entretenir son mode de vie millénaire centré sur une agriculture d'autosuffisance alimentaire dans un environnement où, par ailleurs, mourir de faim est impossible ; il a pu également conserver l'usage des langues vernaculaires et sauvegarder une partie de sa culture de transmission orale.

Aujourd'hui, la France reconnaît cette culture et elle lui accorde toute sa place ; elle respecte le choix des Canaques qui veulent conserver leur mode de vie tribal et tient compte du droit coutumier parallèlement aux lois de la République. Coexistent ainsi sur le Territoire deux mondes plus que contrastés l'un, « à la Mélanésienne », historique et de tradition millénaire l'autre, « à la française », plus ou moins moderne et qui se fond dans l'économie mondiale. Plus qu'un contraste, c'est une alliance des contraires qui n'est pas sans soulever d'épineux problèmes lorsqu'il s'agit de passer d'un monde à l'autre. Et pour un Canaque, notamment, cela peut se traduire par un clivage entre une part de sa vie occidentalisée, organisée autour de son emploi, et une autre consacrée à la tribu et à la coutume, les week-ends ou lors des vacances, par exemple. Ailleurs, ce pourra être l'impasse dans laquelle se trouvent certains jeunes Mélanésiens en rupture avec la coutume et qui échouent à trouver une place dans la modernité.

Cette opposition entre modernité et vie coutumière est sans doute le point sur lequel achoppe l'avenir de ce Territoire et celui de ses habitants, qui selon qu'ils adoptent ou se réfèrent à l'une – coutumière- ou à l'autre – occidentale -, font coexister des antagonismes ou se partagent entre les deux. Une forme de solution existe actuellement permettant cette juxtaposition des contraires. Elle n'est certes pas parfaite, mais est-il certain que l'indépendance serait la meilleure garantie de survie pour cette culture marginale dans le monde ? N'est-elle pas condamnée à terme, cette culture, à évoluer pour rejoindre la modernité pour n'être plus que folklore ou attraction pour parc géant ?

À l'heure où la mondialisation des échanges n'en finit pas d'étendre sur la planète son modèle culturel consumériste, demeure, surgie du fond des âges, l'exception culturelle canaque. Pour combien de temps encore?

1-   L'histoire des Mélanésiens installés sur l'archipel de la Nouvelle-Calédonie se fracassa sur la nôtre et cette rencontre tragique faillit conduire le peuple canaque à sa perte, le traumatisme ayant entraîné une forte dénatalité. Mais les Français n'ont pas manifesté de volonté d'extermination des premiers occupants de l'archipel, contrairement aux conquistadores espagnols aux Antilles ou en Amérique du Sud ou aux Anglais en Amérique du nord, en Nouvelle-Zélande ou en Australie. Là, les survivants habitent des réserves et où les traditions et coutumes ancestrales sont transformées en manifestations folkloriques à l'attention des tour

Sommaire

www.ingramcontent.com/pod-product-compliance
Lightning Source LLC
Chambersburg PA
CBHW050659250726
48662CB00002B/764